PHÉNOMÈNE

DE

DÉNUDATION et de DÉSAGRÉGATION.

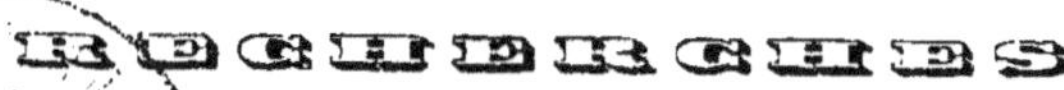

sur la

PROVENANCE DES GRANITES

QUI ONT SERVI A ÉLEVER

LES MONUMENTS DITS CELTIQUES.

Par M. Geoffroy D'AULT-DUMESNIL

Conservateur-adjoint du Musée d'histoire naturelle de la Société polymathique du Morbihan

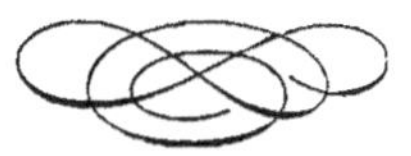

VANNES

IMPRIMERIE DE L. GALLES, RUE DE LA PRÉFECTURE.

1866.

PHENOMÈNE

DE

DÉNUDATION ET DE DÉSAGRÉGATION.

RECHERCHES

SUR LA PROVENANCE DES GRANITES QUI ONT SERVI A ÉLEVER LES MONUMENTS DITS CELTIQUES.

L'origine de ces immenses blocs de granite qui ont servi à élever les monuments dits celtiques a, de tout temps, attiré l'attention des archéologues et des géologues. Mille explications, plus ou moins ingénieuses, ont été invoquées pour expliquer leur provenance. Les uns, emportés par leur imagination et enthousiasmés par la grandeur de ces monuments, les ont fait venir de distances considérables, de plusieurs kilomètres, quelquefois même de centaines de kilomètres, leur faisant ainsi traverser, sans aucune espèce de difficulté, les ruisseaux, les rivières, les vallées, les marais, les collines et les coteaux : rien pour eux n'a pu arrêter la puissance des Celtes. Les autres, au contraire, n'ont voulu voir qu'un phénomène purement naturel; ils ont attribué la présence de tous ces blocs à une action diluvienne, et les ont qualifiés de blocs erratiques; séduits par l'aspect du terrain, ils ont ainsi tranché la question *de visu* sans remonter aux causes, sans examiner d'où ces blocs avaient pu être entraînés, et sans rechercher les traces qu'ils avaient dû laisser dans leur parcours sur les autres parties du sol.

Entourés de toutes parts de ces gigantesques débris, sur un terrain classique comme celui du Morbihan, nous avons pu les étudier dans toutes les positions; rejetant toute espèce d'opinion préconçue, nous allons examiner les faits et en tirer les conclusions qui nous paraîtront les plus rationnelles.

Quelques personnes prétendent que les Celtes avaient tout simplement exploité les carrières dont les pierres paraissaient les plus aptes à leurs constructions. Cette opinion ne nous parait pas très fondée, car, si ces peuples avaient eu des moyens assez puissants pour extraire de pareils blocs, ils auraient pu aussi les tailler, leur donner une forme régulière, symétrique, et, au lieu de ces monuments grossiers, ne portant aucune trace de taille, nous verrions des monuments artistement travaillés; les pierres en seraient également disposées, puisqu'ils pourraient les choisir; nous ne rencontrerions pas des constructions faites de matériaux aussi dissemblables. Mais, nous dira-t-on, les Celtes n'avaient aucune idée de l'art, ils ne cherchaient nullement la régularité. Cette objection n'est pas sérieuse; la construction de nos monuments démontre assez clairement le contraire : aussitôt qu'il dépendait d'eux, ils les ornaient selon leurs moyens, ces grossières sculptures que nous retrouvons partout en sont les témoins. Il n'est pas inutile de faire remarquer, avec M. de Cussé, qu'ils choisissaient les pierres les plus tendres, par conséquent les plus faciles à tailler, pour exécuter leurs dessins, ce qui prouve le peu de perfection de leurs outils.

Les découvertes faites dans tous nos dolmens prouvent suffisamment la véracité de cette hypothèse; nulle part d'instruments en métal, tous les outils trouvés sont en pierre, en pierre dure il est vrai, *jadéite*, *jade*, *fibrolite* et *silex*, mais ne pouvant servir en aucune manière à des travaux de taille de pierre; nous n'entendons pas par là dire qu'ils n'ont pu sculpter avec eux ces signes que nous voyons, c'est, au contraire, une opinion qui nous paraît presque prouvée; mais seulement qu'ils n'ont pu donner une forme à ces immenses blocs. On n'aura pas la prétention de dire que ces peuples ont pu extraire des pierres de cette importance avec ces faibles haches. On ne peut non plus invoquer chez nous l'usage de métal, nous en aurions évidemment trouvé quelque trace.

Pour nous, il nous paraît impossible que les Celtes aient pu extraire leurs pierres des carrières, ils les ont trouvées à la surface du sol; ils n'ont pu encore moins les transporter à de grandes distances, puisqu'à très peu d'exception près, tous nos monuments sont élevés sur un sol de granite semblable à celui qui les compose. On a longtemps prétendu que le granite des monuments de Carnac était inconnu dans le pays et avait dû être apporté de très loin; l'examen a depuis prouvé que c'était une grave erreur, et que le granite sous-jacent et celui de toute la contrée était bien de même nature que celui des menhirs. Parmi tous les monuments que nous avons visités, Locmariaquer ferait seul exception; nous recherchons en ce moment l'origine de ces granites, et nous verrons, dans un prochain mémoire, à quelle cause il faut remonter pour expliquer leur présence sur un sol étranger.

Convaincus que les Celtes n'ont pu élever leurs monuments qu'avec des roches isolées du sol et prises sur les lieux mêmes ou à de faibles distances, nous allons rechercher si nous ne pourrions pas expliquer, par un phénomène naturel, la présence de ces blocs à la surface du sol. Nous verrons, en outre, que quelques-uns de ces monuments sont un pur jeu de la nature, et que la main de l'homme n'a en rien contribué à leur élévation.

Les granites du Morbihan présentent des variétés assez nombreuses, on doit surtout en distinguer deux, dont les caractères extérieurs sont nettement tranchés et qui jouent, dans la constitution géologique de la contrée, ainsi que dans la nature du sol, des rôles différents. Le premier, à petits grains, est composé de feldspath blanc, de quartz gris et de mica noir; il est généralement associé au gneiss. La seconde variété est le granite à gros grains, roche qui domine dans la contrée occupée par les monuments dits celtiques. Lorsque le granite à gros grains est en contact avec le granite à petits grains, il présente des passages presque insensibles de l'un à l'autre, de sorte qu'on pourrait croire que ces deux variétés sont contemporaines; mais, quand on les considère dans leur ensemble, le granite à gros grains est visiblement postérieur.

Les montagnes formées de granite à gros grains sont constamment arrondies, et, selon la facilité de désagrégation de la roche, leur surface est couverte de blocs de rochers.

Les granites à petits grains ne se décomposent que lentement, tandis que le granite à gros grains se décompose avec la plus grande facilité; il a une grande tendance à s'exfolier concentriquement, c'est-à-dire par couches sphéroïdales; tous les pays granitiques nous en offrent des exemples. Cette désagrégation donne à nos coteaux une physionomie arrondie, leurs surfaces sont couvertes de blocs et de sable incohérent. L'altération journalière des granites est surtout visible sur les crêtes ; elles sont parsemées d'énormes blocs, tantôt épars, tantôt accumulés, figurant assez bien l'image d'un chaos. C'est là qu'il faut aller chercher les véritables carrières des Celtes, là est l'origine de ces immenses blocs qui ont servi à élever leurs monuments; ils n'ont fait qu'utiliser les matériaux que la nature leur avait préparés.

Tous nos terrains sont couverts de gros blocs, tantôt disséminés dans nos landes, à demi enfoncés dans le sable, tantôt gisant encore sur les rochers d'où ils ont été détachés. Ils ressemblent tout à fait aux blocs erratiques que l'on trouve dans les autres pays ; mais ici, on ne peut les regarder comme tels, car la constitution des roches sous-jacentes est de même nature que les blocs.

Il est, du reste, facile de constater et d'expliquer la désagrégation. Plusieurs phénomènes y concourent, les intempéries des saisons y contribuent pour leur part ; l'eau, en effet, décompose facilement le feldspath du granite, qui est un silicate d'alumine et de potasse. La gelée a encore une bien plus grande influence, car l'eau pénètre dans les petites fentes de la roche, et, au moment où elle se congèle, elle détermine une rupture par suite de la dilatation. Nous avons pu, bien des fois, constater cet effet sur le granite à gros grains ; on le voit se diviser en plaques qui se séparent parallèlement à la surface extérieure de la roche. Cette action agit bien plus lentement sur le granite à petits grains dont le feldspath est beaucoup moins gros , et offre , par conséquent , moins de fentes par où l'eau pourrait pénétrer.

Je pourrais appuyer mon opinion d'une foule d'exemples pris sur notre sol. En effet, quoi de plus concluant que cette longue crête granitique dénudée qui s'étend de la commune de Moustoir-ac vers celle de Plumelin : là ce sont d'immenses blocs, épars ou accumulés de mille façons différentes ; ici ce sont des rochers entassés les uns sur les autres et figurant assez exactement un dolmen, un menhir, une pierre branlante ; ne dirait-on pas un véritable atelier de monuments celtiques ?

Ces vastes débris sont le résultat d'une décomposition lentement opérée par la suite des âges. Il est facile de reconnaître cette cause de désagrégation dans la forme arrondie des blocs dont la base s'exfolie et s'enlève par couches. La décomposition est quelquefois complète, et alors les blocs deviennent libres, roulent ou glissent capricieusement les uns sur les autres, selon la déclivité du terrain, et de ces entassements naissent toutes espèces de formes, parmi lesquelles nous avons remarqué les pierres branlantes, qui ont particulièrement frappé notre attention par leur position bizarre , mais qui ne sont par le fait qu'un pur jeu de la nature.

La pierre du bourg de Brech , près Auray , est le seul exemple bien caractérisé que nous ayons dans le Morbihan. Cette pierre se trouve placée au sommet d'une pyramide de roches granitiques de dix mètres de hauteur : elle semble glisser et prête à se précipiter dans le ruisseau qui borde ses flancs. Malgré nos efforts , nous ne pûmes réussir à l'ébranler. Cayot-Délandre affirme, dans son histoire des monuments du Morbihan , que cette pierre se laisse ébranler au moindre choc ; notre savant auteur ajoute ensuite que c'est une grave erreur de regarder cette pierre comme un monument celtique, et qu'elle doit la hardiesse de sa pose à quelque convulsion du sol qui l'a ainsi suspendue par un de ces hasards d'équilibre dont elle n'est pas le seul exemple. Il est évident, d'après la position occupée par cette pierre, qu'il n'est pas possible de lui attribuer une autre cause qu'un phénomène naturel.

Tels sont les faits : il ne peut donc être question d'un transport diluvien, comme quelques géologues ont voulu le prétendre, la majorité des blocs est en place ; enfin, leur superposition peut s'être effectuée en place même par la désagrégation des roches sous-jacentes, ou s'être faite par entraînement, c'est-à-dire que des blocs désagrégés sur une pente ont été précipités et amoncelés sur la base de la colline.

La position des blocs ainsi jetés dans tous les sens, selon le hasard de la désagrégation, donne à ces terrains une physionomie que je ne puis mieux qualifier, avec M. Charles Desmoulins, que par l'expression de *pseudo-erratique,* si remarquable au premier aspect. La théorie des blocs erratiques a, du reste, été invoquée par plusieurs géologues pour expliquer la présence de tous ces blocs sur notre sol.

En effet, si un géologue parcourt rapidement nos vastes landes, son attention sera nécessairement attirée par un nombre plus ou moins considérable de blocs de granite, libres, plus ou moins saillants, quelquefois rares et clair-semés ; ailleurs, en quantités innombrables. Presque toujours ils offrent une forme sphérique, et leurs angles sont émoussés. Notre observateur, qui ne voit nulle part de roche en place, nulle part d'arêtes vives, croira d'abord qu'il est sur un terrain de transport et que ces blocs sont roulés, erratiques.

Si l'impression première fait place à la réflexion, des circonstances embarrassantes naîtront alors dans son esprit.

Comment concilier l'idée d'un transport diluvien avec des blocs superposés deux à deux, trois à trois, sur une surface unie, sur un mamelon, sur le penchant d'un coteau.

Ici cette superposition sera due à la rupture d'un seul bloc, en deux ou trois, la cassure en est quelquefois encore fraiche, d'autres fois, enfin, les arêtes se sont successivement arrondies.

Ailleurs, et c'est ce qui prouve surtout la marche du phénomène, les blocs affectent une forme sphérique et montrent des traces d'un délitement concentrique ; on voit encore auprès d'eux des écailles qui s'en détachent journellement.

Concluons maintenant, en résumant les faits.

1º Les pierres qui ont servi à élever nos monuments dits celtiques ont été trouvées à la surface du sol, et n'ont pu être extraites des carrières, et encore moins être apportées de loin (sauf quelques exceptions) puisqu'elles reposent, dans la plupart des cas, sur un sol formé de roche entièrement semblable.

2º La présence de ces pierres sur le sol est due à un phénomène de désagrégation; elles formaient des noyaux plus durs dans la masse granitique dont les parties les moins tenaces se sont désagrégées et se désagrégent tous les jours sous nos yeux.

3º Toute explication du phénomène, fondée sur un transport diluvien et glaciaire, est erronée.

4º Les pierres branlantes doivent leur origine à une superposition, ce sont des noyaux dont la base s'est exfoliée et les a ainsi laissées en équilibre.

5º Donc l'oscillation peut être un fait purement naturel, et, comme on ne peut prouver l'intervention de la main de l'homme dans sa mise en action, il faut admettre l'explication la plus probable, c'est-à-dire la cause naturelle.

6º Enfin, il est rationnel de penser, comme le dit M. Ch. Desmoulins, que les Celtes ont profité du phénomène naturel et se sont servi des pierres branlantes comme des autres monuments.

Ces pierres appartiennent donc à la géologie par leur origine et peut-être à l'archéologie par leur usage.

Vannes, le 16 mai 1866.

www.ingramcontent.com/pod-product-compliance
Lightning Source LLC
LaVergne TN
LVHW010804180726
843502LV00011B/4344